BEI GRIN MACHT S. WISSEN BEZAHLT

- Wir veröffentlichen Ihre Hausarbeit,
  Bachelor- und Masterarbeit

- Ihr eigenes eBook und Buch -
  weltweit in allen wichtigen Shops

- Verdienen Sie an jedem Verkauf

Jetzt bei www.GRIN.com hochladen und kostenlos publizieren

Antonia Bruhn, Anna Olszewski

Unterrichtsstunde: Badminton. Einführung in den Vorhand-Überkopf-Drop

GRIN Verlag

Bibliografische Information der Deutschen Nationalbibliothek:

Die Deutsche Bibliothek verzeichnet diese Publikation in der Deutschen National-
bibliografie; detaillierte bibliografische Daten sind im Internet über http://dnb.d-
nb.de/ abrufbar.

Impressum:

Copyright © 2010 GRIN Verlag GmbH
Druck und Bindung: Books on Demand GmbH, Norderstedt Germany
ISBN: 978-3-656-55541-4

Dieses Buch bei GRIN:

http://www.grin.com/de/e-book/265804/unterrichtsstunde-badminton-einfuehrung-
in-den-vorhand-ueberkopf-drop

GRIN - Your knowledge has value

Der GRIN Verlag publiziert seit 1998 wissenschaftliche Arbeiten von Studenten, Hochschullehrern und anderen Akademikern als eBook und gedrucktes Buch. Die Verlagswebsite www.grin.com ist die ideale Plattform zur Veröffentlichung von Hausarbeiten, Abschlussarbeiten, wissenschaftlichen Aufsätzen, Dissertationen und Fachbüchern.

Besuchen Sie uns im Internet:

http://www.grin.com/

http://www.facebook.com/grincom

http://www.twitter.com/grin_com

U N I V E R S I T Ä T
KOBLENZ · LANDAU
INSTITUT FÜR SPORTWISSENSCHAFT

Stundenentwurf zum Thema

Einführung in den Vorhand-Überkopf-Drop

Institut: Institut für Sportwissenschaft

Seminar: Badminton1

Datum: 03. Mai 2010

Zeit: 8.45 Uhr- 9.45 Uhr

Ort: Sporthalle

vorgelegt von:

Bruhn, Antonia
Olszewski, Anna

Inhaltsverzeichnis

1. Lernziele

Groblernziel

Die Studenten sollen den Vorhand- Überkopf- Drop kennen lernen und ausführen können.

Feinlernziele

Die Studenten sollen...
im motorischen Bereich
- die Technik des schon erlernten Unterhand- Clear festigen.
- die relevante Schlagtechnik des Vorhand- Überkopf- Drop im Spiel anwenden können.
- die Laufarbeit in Abhängigkeit von den angewandten Schlägen situationsgerecht ausführen und den Drop sinnvoll einsetzen können.

im kognitive Feinziele
Die Studenten sollen ...
- erkennen, wann sie den Vorhand- Überkopf- Drop einsetzen müssen.
- das Wissen erlangen, sich im Feld spielbedingt positionieren zu können.
- die Bedeutung des zielgenauen Zuspiel als Voraussetzung für den gemeinsamen motorischen Erfolg erfassen.

im sozial-affektive Lernziele
Die Studenten sollen ...
- in einer gemeinsamen Erarbeitungsphase die wichtigsten Technikmerkmale des Vorhand- Überkopf- Drop erfassen.
- im Doppelspiel die neu erlernte Schlagtechnik präsentieren und sich gegenseitig verbessern.

2. Sachanalyse

Badminton ist eine bekannte Rückschlagsportart, die 1992 zum ersten Mal in Barcelona bei den Olympischen Spielen gespielt wurde. Allerdings gab es bereits 1977 zu Weltmeisterschaften im Badminton (http://www.badminton.de/Olympische-Spiele.186.0.html).

Für diese Sportart werden verschiedene Angriffs- oder Abwehrschläge benötigt.

Im Folgenden wird die Schlagtechnik des Vorhand-Überkopf-Drop vorgestellt.

Charakteristisch für den Drop ist, dass die Bälle „weich" geschlagen werden und man somit versucht sie direkt hinter das Netz zu spielen. Dabei ist es wichtig, dass der Ball knapp über das Netz fliegt und keine Bogenlampe darstellt.

Auch beim Drop gibt es verschiedene Ausführungsvarianten wie zum Beispiel den Überhand-, Seitenhand- oder Unterhanddrop.

Das Ziel des Drop ist es den Gegner aus seiner zentralen Position zu locken und ihn so dicht wie möglich an das Netz zu bringen. Ein weiteres Ziel ist es, den Laufweg des Gegners zu verlängern, indem man den Drop nach einem zuvor angewendeten Clear spielt. Der Drop dient als Angriffsschlag, da der Gegner den Ball erst kurz unterhalb der Netzkante erreichen kann.

Beim Drop wird der Schläger wie auch beim Clear im Universalgriff gehalten. Dabei wird die Handfläche so auf die breite Seite des Griffes gelegt, dass das zwischen Handfläche und Daumen entstehende V in Richtung der linken Kante des Griffes zeigt.

Der Bewegungsablauf des Vorhand-Überkopf-Drop ist in 4 Phasen eingeteilt:

1.Ausholphase: (siehe Abb.1 Bild 1)
In dieser Phase gibt es keinen Unterschied zwischen dem Bewegungsablauf des Drop und des Clear. Demnach zeigt wie beim Clear der linke Arm zum Ball und die rechte Schulter sowie die Hüfte sind weit zurückgedreht. Auch der Stemmschritt und das sogenannte "Dach" sind beim Drop sehr wichtig.

Die Schläge sehen hier deshalb identisch aus, um den Gegner noch keinerlei Hinweise auf die Absicht des Schlages zu geben.

2.Dehnungsphase: (siehe Abb.1 Bild 2&3)

Auch in dieser Phase, bei der die Schleifenbildung eingeleitet und auch die Vorspannung erzeugt wird, soll der Drop sich in keinerlei Hinsicht von den anderen Schlägen, also Clear und Smash, unterscheiden. Auch hier wird der Schlagarm ohne Unterbrechung gestreckt und der Unterarm einwärts gedreht. Währenddessen wird die Hüfte nach vorne gebracht und das Gewicht auf den vorderen Fuß verlagert. Man sollte beim Drop beachten, dass man für die Ausführung ohne Vorspannung auskommen würde.

3.Schlagphase: (siehe Abb.1 Bild 4,5&6)

Die Schlagphase des Drop ähnelt bis kurz vor dem Treffen des Balls immer noch der Schlagphase des Clear. Das hat zu bedeuten, dass sie optisch für den Gegner nicht zu unterscheiden sind und er deshalb mit einem Clear rechnet. Unmittelbar vor dem Treffpunkt, der über dem Kopf und vor dem Körper liegt, kommt der eigentliche Unterschied, indem man die Beschleunigung des Arms und somit die des Schlägerkopfs aktiv abbremst, das heißt, Arm und Schläger halten fast an. Der Ball wird mit einer weichen Unterarmdrehung und gestrecktem Arm getroffen, wobei man den Ball leicht "überdachen" sollte, damit er eine verkürzte Flugbahn erhält. Während des Schlags wird ein Ausfallschritt nach vorne gemacht, um den Schwung abzufangen. Durch die aktive Abbremsung erhält der Ball nur noch einen kleinen Impuls, der zu einer verkürzten Flugbahn führt und der Ball dadurch nur kurz hinter das Netz fliegt. Man kann den Drop in den schnellen und langsamen Drop unterscheiden, wobei für den langsamen Drop eine stärkere Abbremsung der Schlagbewegung charakteristisch ist, der Ball dadurch sehr langsam fliegt und sehr dicht hinter das Netz geschlagen wird (siehe Abb.1 Grafik rechts oben B=langsame Drop).

4.Ausschwungphase: (siehe Abb.1 Bild 7&8)

Das aktive Bremsen führt außerdem in der Ausschwungphase nur zu einem kurzem Ausschwung. Der Schläger wird dann wieder direkt zurück in die Haltung der Grundstellung geführt und man nimmt wieder die zentrale Position an der T-Linie ein.

Der Vorhand-Überkopf-Drop soll als optimale Finte des Vorhand-Überkopf-Clear gespielt werden, um seinen Gegner so zu überraschen und möglichst viele Punkte zu erzielen.

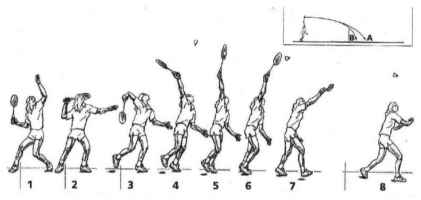

Abb. 1 Vorhand- Überkopf- Drop

Quelle: Phasenbild Vh-Ük-Clear. Quelle: Fischer / Wolff / Hidatjat 1996,83.

3. Lerngruppenanalyse und institutionelle Voraussetzungen

Die Konstellation der Studenten für den Badmintonkurs ist in jedem Semester unterschiedlich. Daraus lässt sich schließen, dass die jetzige Gruppe so noch nicht existiert hat. Vereinzelt kannten sich jedoch schon einige Studenten aus vorherigen Sportkursen. Der Kurs besteht im Sommersemester 2010 aus 11 Mädchen und 9 Jungen und ging über 6 Wochen. Obwohl die Gruppe sich immer Montags von 7.30 Uhr bis 10.00 Uhr einfinden musste, waren die Studenten immer motiviert und haben auch immer mit sehr viel Freude und Enthusiasmus beim Üben bzw Spielen gezeigt .

- Spezifische Kompetenzen der Lerngruppe

  Die **Sachkompetenz** war so gut wie nicht vorhanden, denn die meisten Studenten haben noch kaum Erfahrungen im Badminton spielen gemacht. Lediglich ein paar haben es schon mal in ihrer Freizeit gespielt und eine Studentin spielt seit einem Jahr sogar im Verein. Trotzdem ist die sportmotorische Leistung des Kurses relativ gut und auch die Motivation und das Engagement jedes Einzelnen ließ nicht zu wünschen übrig.

  Auch der Umgang miteinander, also die **sozial-kommunikative Kompetenz** unter den Studenten war hervorragend. Bei auftretenden Fehlern oder Fragen, wird nicht nur auf die Referenten zurückgegriffen, sondern die Studenten helfen sich oftmals gegenseitig. Auch wenn es bei Referenten Probleme beim Aufbau oder mit der Technik gibt, kommen immer einige Studenten zur Hilfe. Selbst der Abbau wird von allen Studenten gemeinsam gemacht, da diese die Lage der einzelnen Sportgeräte genauestens kennen und es aufgrund der hohen Anzahl schwierig ist als Referent alles alleine zu verräumen.

  Bei der **Methodenkompetenz** kann man ein großes Potential bei den Studenten erkennen. Neu vorgestellte Techniken können sie schnell auffassen, umsetzen und eigenständig üben. Durch diese Eigenständigkeit brauchen die Referenten nicht viel Zeit für Erklärungen aufwenden und man kann sich mehr mit praktischen Dingen beschäftigen. Auch das verteilen auf die Badmintonfelder ging in den Stunden schnell und gut, bei denen keine genaue

Einteilung vorhanden war.

Bei allen Reflexionen haben die Studenten gute und produktive Kritik an die Referenten gegeben, um ihnen so ein Feedback für die gehaltene Stunde zu geben.

- Institutionelle Voraussetzungen

Im Gegensatz zu den meisten Schulen sind die Sportgeräte an der Universität in einem relativ gutem Zustand und auch in einer ausreichenden Anzahl vorhanden, zumindestens im Badmintonbereich.

Der Platz in der Halle reicht aus, damit 20 Studenten sich beim Badminton spielen nicht behindern oder gar verletzen. Allerdings ist die Höhe der Hallendecke für ein professionelles Spiel zu tief oder es hängen Gegenstände runter die man beim Schlagen des Federballs berühren kann.

4. Didaktische Analyse

Der Inhalt Badminton ist im Lehrplan Sport SII (2000, 65-68) im pädagogischen Freiraum fest verankert. Ein guter Grund dafür ist zum Beispiel der hohe Freizeitwert, den das Spiel mit sich bringt. Auch die Anforderung an die einzelnen Spieler ist relativ hoch und somit findet auch ein ausdauerndes Spiel statt. Außerdem ist es beim Badminton so, dass bereits ein Partner oder Partnerin ausreicht, um ein tolles Spiel durchführen zu können. Da die beiden Spielhälften durch ein Netz getrennt sind, findet kein Körperkontakt zwischen den beiden Spieler statt. Das heißt, es spielt hier keine Rolle, wie die Körperkraft oder Körpergröße der Spielenden zusammen passt. Diese Leistungsfaktoren sind oft in den anderen Sportarten von großer Bedeutung. Badminton ist von daher sehr gut für den koedukativen Unterricht geeignet. Es lässt sich sogar auch sehr gut von motorisch eher schwächeren Schülern schnell erlernen und bringt schon in den folgenden Spielen eine positive Erfahrung für die Kinder mit sich. Nicht nur die konditionell und technischen Fähigkeiten spielen beim Badminton eine entscheidende Rolle, sondern auch die kognitiven Leistungen sowie ein sitiuationsangepasstes Handeln.

Zusammenfassend ist Badminton eine Sportart die Anforderung stellt und sowohl konditionelle als auch koordinative Fähigkeiten schult. Zudem ist der Bedarf an Materialien gering.

4.1. Didaktische Reduktion

Schwerpunkt dieser Stunde ist die Erkenntnis des Unterhand-Überkopf-Drop. Um die Studenten nicht zu überfordern und das angestrebte Ziel der Stunde zu erreichen, ist eine leichte didaktische Reduktion notwendig. Aus diesem Grund behandeln wir den Unterhand-Überkopf-Drop anhand einfacher Beispiele und von diesen auch nur drei. Zudem verzichten wir auch eine zu genaue Korrektur der Finger- und Handhaltung. Auch auf andere Schlagtechniken die für das Badminton von Bedeutung sind, werden in dieser Stunde verzichtet, da diese Inhalt der nächsten Stunden ist.

4.2. Schwierigkeitsanalyse

Die Studenten könnten am Anfang der Stunde bei der Beschreibung der Technikmerkmale Probleme haben, den Unterschied zwischen dem Vorhand-Überkopf-Clear und dem Vorhand- Überkopf-Drop zu verstehen. Die Unterschiede zwischen diesen beiden Schlagarten müssen von den Referenten klar und deutlich erklärt werden.

In der darauf folgenden Übungsphase kann es bei den Studenten zu Fehlerbilder kommen, die von den Referenten erkannt und korrigiert werden müssen.

Folgende Fehlerbilder können auftreten:

Fehlerbild	Korrektur
Der Federball fliegt zu hoch über das Netz und landet demnach zu weit hinten	Handgelenkeinsatz verstärken
Der Federball fliegt in das Netz hinein	Treffpunkt liegt zu niedrig, Schlagbewegung ist zu langsam
Schlagbewegung mit ständig gestrecktem Arm	Ausholbewegung beachten (Arm beugen

5. Methodische Analyse

In der **Einstiegsphase** wird eine Power-Point-Präsentation in der Sporthalle gestartet, mit der die Referenten die wichtigsten Technikmerkmale des Unterhand-Überkopf-Drop zeigen. Die einzelnen Merkmale werden auf den Folien bildlich gezeigt und die Studenten haben die Aufgabe das Wichtigste schriftlich auf einem, von den Referenten ausgeteiltem, Arbeitsblatt festzuhalten.

Eine PP-Präsentation hat den Vorteil, dass sie ziemlich gut in der großen Sporthalle zu zeigen ist und man parallel zu den Bildern das Gezeigte selbst demonstrieren kann. Ebenfalls soll ein Student in der Einstiegsphase die korrekte Technik vorzeigen und durch Verbesserung der Anderen korrigiert werden. Somit erfolgt ein selbständiges Beobachten, „Fehler finden" und anschließendes Korrigieren. Die Studenten haben dadurch die Chance selbst an der vorgestellten Technik zu arbeiten und können überprüfen, ob sie diese verstanden haben. Zuletzt werden in dieser Phase die Partner für die auszuübenden Bewegungen zusammengestellt.

Die Folien bilden eine gute Basis für die Hinführung zur **Übungsphase**, da die Studenten eine gewisse Vorstellung der Technik erlangt haben und dies nun versuchen in die Praxis umzusetzen. Die Referenten haben sich 3 Stationen überlegt, an denen gleiche Übungen zum Vorhand-Überkopf-Drop stattfinden. Hierzu werden Netze aufgespannt und Spielfelder abgegrenzt. Diese Abtrennung dient zur Orientierung im Spiel und der einzelnen Übungen. Die Studenten sollen zunächst den Vorhand-Überkopf-Drop nach dem Aufschlag üben. Es finden sich jeweils Pärchen zusammen, um diese Übung auszuführen. Der Ablauf ist, dass Spieler A einen hohen Aufschlag in das hintere gegnerische Feld spielt und Spieler B jeden Schlag mit einem Vorhand-Überkopf-Drop annimmt.

Diese Übung wiederholt nochmal den bereits kennengelernten hohen Aufschlag und zudem war sie die beste Möglichkeit, den Drop zu erproben. Von Vorteil ist auch, dass sich die Studenten gegenseitig selbst kontrollieren und nach 5 Minuten gewechselt wird. Nun spielt der, der den Drop praktiziert hat, den hohen Aufschlag für seinen Mitspieler (Gegner). Die Übungsphase pro Person ist auf 5 Minuten festgelegt, damit die Studenten auch einen eventuellen Erfolg erkennen können. Nach dieser Übungsphase folgt eine **kognitive Phase**. Hier finden sich alle Studenten am mittleren Netz zusammen, um gewisse Fehlerbilder zu korrigieren.

Die Referenten bestimmen ein Paar, bei denen mögliche Fehler aufgetreten sind, um die vorangegangene Übung zu demonstrieren. Die Mitstudenten sollen nun selbst die Fehlerbilder erkennen und korrigieren. Auch hier ist der Lerneffekt für den einzelnen Studenten wieder enorm, da er selbst beobachten, analysieren und kritisieren muss. Auch dies wird er später als Sportlehrer beherrschen müssen. Die Studenten sollen in diesem Reflektieren noch einmal sehen, dass der Unterhand-Überkopf-Drop und der Unterhand-Überkopf-Clear sich bis kurz vor dem Treffpunkt nicht unterscheiden. Anschließend erfolgt in einer weiteren Übungsphase eine andere Form des Technikerwerbs. Hierzu gehen die Studenten wieder auf ihre Felder und üben nun den VH-ÜK-Drop ohne Pause. Auch hier gelten wieder 5 Minuten Übungszeit für den Einzelnen und das folgende Wechseln. Der Ablauf ist nun so, dass Spieler A ununterbrochen den Unterhand-Überkopf-Clear spielt und Spieler B jeden der Bälle mit einem Unterhand-Überkopf-Drop annimmt. Hier müssen die Studenten darauf achten, den Ball genau und richtig zu spielen und auch ohne Pause konzentriert zu bleiben. Auch dies ist für das spätere Spiel von großer Bedeutung. In der gleichen Phase wird zuletzt noch eine weitere Übung von den Studenten abverlangt. Die Übung heißt „Wechseldrop". Die Referenten erklären auch anhand einer Demonstration die Übung und wollen, dass je ein Paar die Übung mit einem hohen Aufschlag beginnen. Dann erfolgt eine gewisse Schlagfolge, die von den Studenten unbedingt eingehalten werden soll: Unterhand-Überkopf-Drop (kurz)

> Stopp (kurz)
>
> Unterhand Clear (lang)
>
> Unterhand-Überkopf-Drop (kurz) usw.

Diese Form der **Sicherung** wurde verwendet, weil die Schüler schon hier langsam anfangen ein kleines Spiel aufzubauen und zu organisieren, indem sie sich mehr bewegen müssen und so ihre Aktivität fördern.

Als Ausklang der Stunde sollen die Studenten beim Abbau des Netzes helfen und sich zu einer möglichen Selbstreflexion zusammen finden.

Verlaufsplan

Datum: 03. Mai 2010	Kurs: Badminton1	Thema: Einführung in den Vorhand- Überkopf- Drop	
Phasen	**Inhalt (Übungsfolge)**	**Meth.-did. Hinweise**	**Organisation + Medien**
BEGRÜßUNG: **8.45 Uhr-8.46 Uhr**	Vorstellung der Referenten und des Themas	Motivation, Hinführung zum Thema	Schüler sitzen im Halbkreis
LERNPHASE: **8.46 Uhr-9.02 Uhr**		1. Die Referenten stellen die einzelnen Merkmale vor, welche von den Schülern schriftlich festgehalten werden 2. Schülerdemonstration der korrekten Technik; Verbesserung durch Schüler	Schüler sitzen im Halbkreis um die Bildreihe Overheadprojektor; Folie & AB mit Bewegungsbeschreibung
	Erarbeitung wichtiger Technikmerkmale/ Phasen des Vh-Ük-Drop	Die Schüler sollen sich den korrekten Bewegungsablauf bewusst machen, um bei den Übungen die genaue Technik zielgerichtet zu üben. Organisation der Gruppen & Vorstellung der Übung	
ÜBUNGSPHASE: **9.02 Uhr-9.12 Uhr**	Üben des Vh-Ük-Drop nach Aufschlag	1. Schüler üben den Vh-Ük-Drop und korrigieren sich gegenseitig – A spielt hohe Aufschläge, die in das hintere Feld gehen sollen – B nimmt jeden Aufschlag mit einem Vh-Ük-Drop an 2. nach 5 Minuten wird gewechselt	Paarbildung; pro Paar zwei Schläger & 3-5 Federbälle; Verteilung auf drei Felder
KOGNITIVE PHASE: **9.12 Uhr-9.17 Uhr**	Korrektur von Fehlern	1. Die Referenten bestimmen ein Paar, bei denen ihnen Fehler aufgefallen sind 2. Schülerdemonstration der Übung mit Fehlerkorrektur durch die Schüler	Schüler finden sich am mittleren Netz zusammen

		Die Schüler sollen lernen, dass sich der Vh-Ük-Clear und der Vh-Ük-Drop bis kurz vor dem Treffpunkt NICHT unterscheiden.	
ÜBUNGSPHASE: **9.17 Uhr-9.27 Uhr**	Üben des Vh-Ük-Drop ohne Pause	1. Schüler üben den Vh-Ük-Drop und festigen den Vh-Uh-Clear – A spielt ununterbrochen Uh-Clear – B nimmt jeden Clear mit einem Vh-Ük-Drop an 2. Nach 5 Minuten wird gewechselt	Gleiche Aufteilung wie bei erster Übung 1 Federball pro Paar

9.27 Uhr-9.40 Uhr	Üben: „Wechseldrop"	1. Erklärung der Übung und Demonstration durch die Referenten
		– A beginnt mit einem hohen und langem Aufschlag
		– die Schüler versuchen nun die folgende Schlagfolge einzuhalten
		  Vh-Ük-Drop (kurz)
		  Stopp (kurz)
		  Uh-Clear (lang)
		  Vh-Ük-Drop (kurz) usw.
		
		Die Schüler lernen ein kleines Spiel aufzubauen und müssen sich mehr bewegen.	

AUSKLANG: **9.40 Uhr-9.45 Uhr**	Zusammenfassung der wichtigsten Merkmale Verabschiedung & Abbau	Die Schüler sollen zur Sicherung noch einmal die wichtigsten Merkmale des Drop aufzählen und die wichtigsten Punkte des Bewegungsablaufs erläutern.	Schüler sitzen im Halbkreis

6. Literatur

Fischer, Ulrich; Wolff, Uwe; Hidajat, Rachmat. (1996). Sportiv Badminton- Kopiervorlagen für den Badmintonunterricht (2.Aufl.)
Leipzig: Klett Verlag

Fabig; Olinski; Sklorz. (2003). Richtig Badminton (6.Aufl.) München: blv-Verlag

Poste, Detlef; Hesse, Holger. (2002). Badminton Schlagtechnik (1.Aufl.)
Köln: Smash Verlag

http://www.abipur.de/hausaufgaben/neu/detail/stat/118955308.html
zugegriffen am: 21.04.2010

http://www.krref.krefeld.schulen.net/referate/sport/r0385t00.html
zugegriffen am: 24.04.2010

http://www.badminton.de/Olympische-Spiele.186.0.html
zugegriffen am 24.04.2010

7. Anhang

Hallenaufbauplan

Fensterseite

Tribüne

Lightning Source UK Ltd.
Milton Keynes UK
UKHW010842030619
343780UK00002B/522/P